BEI GRIN MACHT SICH IHR WISSEN BEZAHLT

- Wir veröffentlichen Ihre Hausarbeit,
  Bachelor- und Masterarbeit

- Ihr eigenes eBook und Buch -
  weltweit in allen wichtigen Shops

- Verdienen Sie an jedem Verkauf

Jetzt bei www.GRIN.com hochladen
und kostenlos publizieren

Strategischer Wandel bei der Gesundheits- und Medizintechnik AG

Ina Müller

Bibliografische Information der Deutschen Nationalbibliothek:

Die Deutsche Nationalbibliothek verzeichnet diese Publikation in der Deutschen Nationalbibliografie; detaillierte bibliografische Daten sind im Internet über http://dnb.d-nb.de abrufbar.

ISBN: 9783389014189
Dieses Buch ist auch als E-Book erhältlich.

© GRIN Publishing GmbH
Trappentreustraße 1
80339 München

Druck und Bindung: Books on Demand GmbH, Norderstedt Germany
Gedruckt auf säurefreiem Papier aus verantwortungsvollen Quellen

Das vorliegende Werk wurde sorgfältig erarbeitet. Dennoch übernehmen Autoren und Verlag für die Richtigkeit von Angaben, Hinweisen, Links und Ratschlägen sowie eventuelle Druckfehler keine Haftung.

Das Buch bei GRIN: https://www.grin.com/document/1463502

Deutsche Hochschule für
Prävention und Gesundheitsmanagement
Hermann-Neuberger-Sportschule 3
66123 Saarbrücken

Hausarbeit

Studiengang	**Master of Arts Prävention und Gesundheitsmanagement**
Studienmodul	**Strategische Unternehmensführung II**
Datum Präsenzphase (siehe Ergebnisdokumentation)	**26.06-28.06.2023**
Aufgabe	**Strategischer Wandel bei der Gesundheits- und Medizintechnik AG**

Inhaltsverzeichnis

1   BODO MÜLLERS PLAN 4

1.1   Gründe für Wandel 4

1.2   Aspekte des Strategiewandels 4

1.3   Barrieren und Widerstände 5

2   CHANGE MANAGEMENT 6

2.1   Gründe für Scheitern 6

2.2   Veränderungen meistern 7

3   STRATEGIEIMPLEMENTIERUNG 10

3.1   Durchsetzung 10

3.2   Umsetzung 11

4   BALANCED SCORECARD 13

4.1   Ursache-Wirkungskette 13

4.2   Festsetzung 14

5   UNTERNEHMENSETHIK 15

5.1   Praxisbeispiel 15

5.2   Unternehmenswerte 16

5.3   Wertebruch 16

5.4   Konsequenzen 17

6   LITERATURVERZEICHNIS 19

7   ABBILDUNGS- UND TABELLENVERZEICHNIS 21

7.1   Abbildungsverzeichnis 21

7.2 Tabellenverzeichnis..21

1 Bodo Müllers Plan

Bodo Müller ist Marketingdirektor des österreichischen Unternehmens Gesundheits- und Medizintechnik AG in Deutschland. Er nimmt Veränderungen des deutschen Marktes wahr und strebt daher einen Strategiewandel für das Unternehmen an.

1.1 Gründe für Wandel

Trotz guter wirtschaftlicher Lage der Gesundheits- und Medizintechnik AG erkennt Bodo Müller dringenden Handlungsbedarf. Er begründet dies wie folgt:

Grund 1: Die niedrige staatliche Finanzierung der Krankenhäuser führt zu einer starken Zurückhaltung von Investitionen. Dies hat zur Folge, dass bereits vorhandene Geräte instandgehalten werden und in keine neuen modernen Geräte investiert wird.

Grund 2: Die Entscheidung über die Anschaffung neuer Geräte obliegt nicht mehr den Krankenhausärzten, sondern wird aus ökonomischen Gründen von der Einkaufsabteilung der Krankenhäuser getroffen.

Grund 3: Die erwarteten Wachstumsraten sind, ungeachtet der Bedeutung des deutschen Marktes, sehr niedrig. Gründe dafür sind zum einen die gespaltene politische Meinung, dass einer weiteren Erhöhung der Gesundheitsausgaben entgegenzuwirken ist, zum anderen das bereits hohe Ausgabenniveau im Bereich medizinische Geräte, sowie das niedrige Bruttoinlandsprodukt- Wachstum und das geringe Bevölkerungswachstum.

1.2 Aspekte des Strategiewandels

Damit die Gesundheits- und Medizintechnik AG weiterhin erfolgreich bleibt, strebt Bodo Müller folgende Aspekte an, um einen Strategiewandel zu erzielen.

Aspekt 1: Die Marketingstrategie ist bisher nach den Bedürfnissen der Krankenhausärzte ausgerichtet. Hingegen hat sich das Kaufverhalten geändert und deswegen soll das Marketing zukünftig auf die Bedürfnisse und Herausforderungen der Krankenhausadministration und der Einkaufsabteilung ausgerichtet werden.

Aspekt 2: Weiter möchte Bodo Müller Krankenhäusern und Praxen ganzheitliche Konzepte und Lösungen anbieten, um wirtschaftlich ökonomischer zu sein. Hierzu hat er bereits eine ausreichende Anzahl an Belegen und Fakten gesammelt, um einen Wandel zu initiieren.

Aspekt 3: Ein weiterer Aspekt ist die Umstrukturierung der Matrixorganisation im Unternehmen. Hierfür plant Bodo Müller ein geschäftsübergreifendes Projekt zur Entwicklung von Ideen zum C-Level Marketing. Für die Durchführung muss jeder Vizepräsident ein Extra-Budget der neuen C-Level Marketingstrategie einbringen.

1.3 Barrieren und Widerstände

Es ist keine Seltenheit, dass Projekte im Zuge eines Strategiewandels, welche als wichtig eingestuft werden, scheitern. Widerstände seitens der Mitarbeiter sind einer der häufigsten Gründe dafür (Lechner & Müller-Stewens, 2011, S. 472). Zudem ist ebenfalls aus der Organisation mit Widerständen zu rechnen (Lechner & Müller-Stewens, 2011, S. 473). Folgende Widerstände und Barrieren könnten bei Bodo Müllers Plan auftreten:

Statusverlust: Durch die Umstrukturierung auf das C-Level Marketing könnten die Führungskräfte befürchten, dass Ihnen ein Teil ihres Einflusses verloren geht. Die Angst des Statusverlustes kann zu Widerständen führen.

Nonverbaler Widerstand – Lustlosigkeit: Eine nonverbale Ausdrucksform, die sich durch Passivität ausdrückt, indem die Mitarbeiter zum Meeting nicht erscheinen oder einen teilnahmslosen Eindruck bei der Anwesenheit im Meeting hinterlassen. Dies drückt aus, dass die Mitarbeiter kein Interesse an einer potenziellen Veränderung haben.

Widerspruch: Aufgrund der aktuellen guten wirtschaftlichen Lage der Gesundheits- und Medizintechnik AG, ist die Einsicht zum Wandel trotz guter Argumente von Bodo Müller eventuell nicht gegeben. Der Handlungsbedarf wird nicht gesehen und andere Themen werden priorisiert.

Angst vor Veränderung: Die Strategie von Bodo Müller zielt darauf ab, dass die Marketingsegmente zusammengeführt werden. Die Mitarbeiter könnten aufgrund dieser Strategie Ängste um ihren Arbeitsplatz entwickeln und daher sich dem Wandel widersetzen.

2 Change Management

Das Change Management legt den Fokus auf die Gestaltung einer kontinuierlichen, tiefgreifenden sowie langfristigen Veränderung in der Organisation (Beil, Nolte, Schmidt & Schneider, 2019, S. 6). Es hebt sich von der klassischen Organisationsentwicklung dahingehend ab, dass die Widerstände, die einen Konflikt zwischen Organisations- und Mitarbeiterinteressen äußern, mit in den Wandel einbezogen werden (Lechner & Müller-Stewens, 2011, S. 472). Die Effizienz und Effektivität sollen nachhaltig alle Unternehmensaktivitäten im Unternehmen steigern (Vahs & Weiand, 2010, S. 7). Unter Anwendung verschiedener Methoden, Konzepte und Instrumente ist die Umsetzung einer strategischen Ausrichtung im Change Management möglich (Gattringer, Reisinger & Strehl, 2022, S. 222).

2.1 Gründe für Scheitern

Das 8-Stufen Modell ist einer dieser Methoden, welches vom Change Management Experten Kotter entwickelt wurde. Er identifizierte acht Gründe, die Veränderungsprozesse scheitern lassen (siehe Abb. 1). Vier von acht Gründen für das Scheitern des Bodo Müller Plans werden nachfolgend anhand des 8-Stufen-Modells dargestellt.

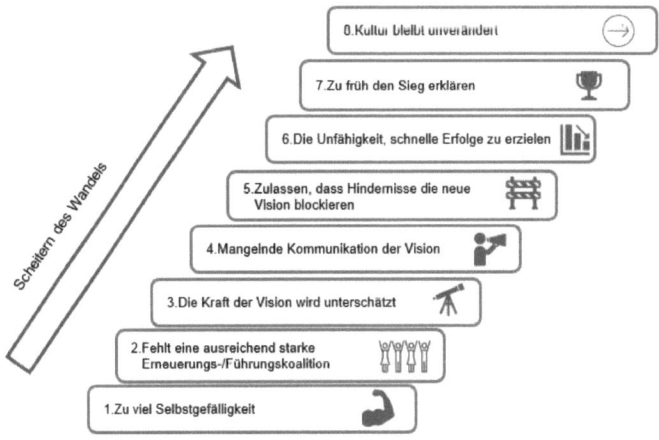

Abb. 1: Das 8-Stufen-Modell „Gründe für das Scheitern" von Kotter (mod. nach Gattringer, Reisinger & Strehl, 2022, S. 222)

Stufe 1 - Zu viel Selbstgefälligkeit: Bodo Müller präsentierte bei dem vierteljährigen Treffen seinen Plan sehr klar und sachlich und ist davon ausgegangen, dass dies an Überzeugungsarbeit ausreicht. Laut Kotter (Kotter, 2011, S. 31) wird die Schwierigkeit, die Menschen aus der Komfortzone zu treiben, oft unterschätzt. Die Dringlichkeit und die Attraktivität zum Wandel zu vermitteln, versäumte Bodo Müller. Dies überzeugte die Vizepräsidenten nicht und es wurde kein Budget für seinen Plan freigegeben.

Stufe 2 - Fehlt eine ausreichend starke Erneuerungs-/ Führungskoalition: Im nächsten Schritt muss eine starke Führungskoalition gegründet werden, die eine gewisse Stahlkraft aufweist (Gattringer, Reisinger & Strehl, 2022, S. 223). Dies gelang Herrn Müller beim Versuch der Gründung einer neuen Arbeitsgruppe beim Meeting nicht. Viele Mitarbeiter blieben diesem fern oder sind trotz Zusage nicht erschienen. Die Anwesenden beim Meeting konnte er nicht überzeugen.

Stufe 3 - Die Kraft der Vision wird unterschätzt: Es ist wichtig, dass die Verantwortlichen eine klare Vision zum Wandel kommunizieren, um die Mitarbeiter in die richtige Richtung zu mobilisieren (Gattringer, Reisinger & Strehl, 2022, S. 219). Herr Müller hatte keine Vision zu seiner neuen Strategie ausgearbeitet. Es konnte somit keine emotionale Bindung zu seinem Plan aufgebaut werden. Daher war es Bodo Müller nicht möglich die Mitarbeiter und insbesondere die Vizepräsidenten zu überzeugen.

Stufe 6 - Die Unfähigkeit, schnelle Erfolge zu erzielen: Für einen Wandel ist es essenziell wichtig kurzfristig erreichbare Ziele zu stecken und zu feiern. Dies fördert und motiviert den weiteren Wandel (Gattringer, Reisinger & Strehl, 2022, S. 221). Bodo Müllers neue zusammengestellte Arbeitsgruppe erzielte, nach dem drei Monate späteren Treffen, keine nennenswerten Erfolge. Es wurden lediglich nochmals die gleichen Argumente zur Notwendigkeit des Wandels aus dem ersten Meeting von Bodo Müller vorgetragen. Dieser Umstand überzeugte die Vizepräsidenten nicht und andere Themen wurden priorisiert.

2.2 Veränderungen meistern

Bodo Müllers Plan hätte anhand des Acht-Beschleuniger-Modells nach Kotter (siehe Abb. 2) erfolgreich werden können.

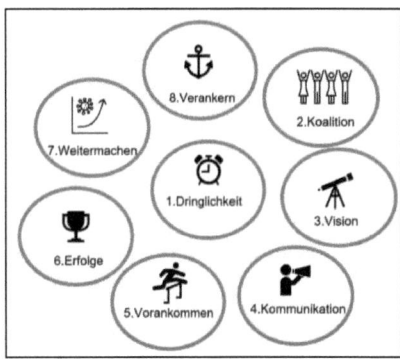

Abb. 2: Die acht „Beschleuniger" nach Kotter (modifiziert nach Kotter, 2015, S. 88)

Diese Punkte hätten den Wandel beschleunigen können:

1 – Gefühl der Dringlichkeit für eine bedeutende Chance wecken: Nach Kotter (2007, S. 2) müssen mindestens 75% der Manager von dem Strategiewandel überzeugt sein. Dies kann durch die Gefühlsvermittlung der Dringlichkeit erzeugt werden (Gattringer, Reisinger & Strehl, 2022, S. 220-221). Bodo Müller wartete mit seinem Plan bis zum vierteljährigen Treffen. Durch einen gesonderten früheren Termin hätte er das Gefühl der Dringlichkeit erhöhen können. So war die Aufmerksamkeit vermutlich bei anderen Tagespunkten bzw. wurde Bodo Müllers Plan nicht mehr und nicht weniger Gewicht dadurch gegeben. Die Gefühlsvermittlung der Dringlichkeit wurde versäumt.

2 – Aufbau und Pflege einer lenkenden Koalition: Ein effektives Team, welches die Mitarbeiter durch den Wandel führt, ist entscheidend. Dieses Team muss Führungsqualitäten, Glaubwürdigkeit, analytische Fähigkeiten, Durchsetzungsvermögen, Engagement und Ausdauer besitzen. Diese Teamkompetenz kann sich nur entfalten, wenn diese auch dementsprechende Befugnisse hat (Kotter, 2011, S. 45). Ein Leistungsteam existierte bei dem vierteljährigen Treffen noch nicht. Dieses Team aus verschiedenen Unternehmensebenen und –bereichen mit den oben genannten Kompetenzen hätte maßgeblich dazu beigetragen das Problembewusstsein zu schaffen und zur Überzeugung des Bodo Müller Plans beitragen zu können.

3 – Formulierung einer strategischen Vision und Entwicklung von Change-Initiativen: Es muss eine Vision und eine Strategie entwickelt werden, um eine Veränderung zu meistern (Kotter, 2011, S. 59). Denn ein erfolgreicher Transformationsprozess kann nur vollzogen werden, wenn ein übergeordnetes Ziel festgelegt wird (Gattringer, Reisinger, Strehl, 2022, S. 219). Eine Erarbeitung einer klaren und richtungsweisenden Vision und Strategie von Bodo Müller zusammen mit dem Leistungsteam, hätte für mehr Identifikation der Wandelinitiierung gesorgt.

4 – Kommunikation der Vision und der Strategie, um Unterstützung und Freiwillige zu gewinnen: Um einen Wandel zu beschleunigen ist es wichtig auf breiter Ebene zu kommunizieren. Dies erhöht die Akzeptanz und das Engagement bei den Mitarbeitern (Gattringer, Reisinger & Strehl, 2022, S. 221). Bodo Müller hätte Widerstände seitens der Vizepräsidenten verringern können, indem er eine klare und authentische Vision kommuniziert hätte. Dies hätte die Glaubwürdigkeit und das Vertrauen erhöht.

5 - Beseitigung von Hindernissen, um rasches Vorankommen zu ermöglichen: Es ist wichtig frühzeitig Wandelbarrieren auf personeller und struktureller Ebene zu identifizieren und diese abzubauen (Kotter, 2011, S. 88-91). Die Widerstände wurden von Bodo Müller nicht wahrgenommen. Es wurde trotz eines überzeugenden Vortrags, keine monetäre Unterstützung von den Vizepräsidenten angeboten. Auf diese Zurückhaltung hätte Bodo Müller eingehen und das Vertrauen der Idee für den Strategiewandel aufbauen müssen.

6 – Zelebrieren von schnellen, bedeutenden Erfolgen: Motivation und Unterstützung für den Wandel wird durch kurzfristige Erfolge erreicht (Gattringer, Reisinger & Strehl, 2022, S. 221). Um die Motivation bei den Mitarbeitern hochzuhalten, hätte Bodo Müller drei Monate später beim Treffen erste Erfolge präsentieren müssen, statt nur seine Argumente zu wiederholen.

7 – Nicht nachlassen, stets weiter lernen und nicht zu früh den Sieg ausrufen: Kurzfristige Erfolge erhöhen den Glauben und beleben den Wandel. Dies kann genutzt werden, um weitere Veränderungsprozesse zur Zielerreichung einzuleiten (Kotter, 2011, S. 118-120). Bodo Müller hat bereits beim ersten Treffen nachgelassen und keine weiteren Veränderungen eingeleitet. Er hätte direkt aus dem zögerlichen Verhalten der Vizepräsidenten lernen und sofort reagieren müssen. Ein Nachsetzen auf emotionaler Ebene und in kurzen Zeitabständen hätte die Vizepräsidenten überzeugen können, um das nötige Budget freizusetzen.

8 – Institutionalisierung des strategischen Wandels in der Unternehmenskultur: Um nachhaltig agieren zu können, muss die Strategie und die gemeinsamen Werte in die Unternehmenskultur implementiert werden (Kotter, 2011, S. 123-125). Die neue Strategie muss in die Unternehmenskultur verankert werden, damit der Wandel in die tägliche Arbeit übertragen werden kann. Hierzu müsste ein konkretes Konzept erstellt werden, welches für alle Teilnehmer gilt und in den Arbeitsalltag übernommen werden muss.

3 Strategieimplementierung

Die Strategieimplementierung umfasst die sachorientierte Umsetzung und die verhaltensorientierte Durchsetzung der Strategie (Raps, 2002, S. 30). Die Marketing-Vizepräsidenten und der CEO der Gesundheits- Medizintechnik AG sind von Bodo Müllers Plan überzeugt. Die Strategie muss jetzt in das Unternehmen implementiert werden. Im Folgenden wird dies in zwei Teilphasen unterteilt - die Durchsetzungs- und die Umsetzungsphase. Zu jeder Phase werden jeweils drei konkrete Maßnahmen genannt.

3.1 Durchsetzung

Zu der Durchsetzungsphase gehören die Vermittlung der Strategie, die Einweisung und Schulung sowie Schaffung eines strategiebezogenen Konsenses. Folgende verhaltensbezogenen Aufgaben werden auf das Beispiel von Bodo Müllers Plan übertragen:

Vermittlung der Strategie: Eine Durchsetzung der Strategie ist nicht allein durch das Top-Management möglich. Hierzu müssen alle Mitarbeiter in der Organisation mit einbezogen werden (Kaplan & Norton, 2001, S. 12). Um Erfolg mit der Umsetzung seiner Strategie zu haben, muss Bodo Müller seine Strategie an jeden Mitarbeiter vermitteln. Diese müssen die Strategie kennen und das Verständnis aufbringen, so dass die neue Strategie täglich im Arbeitsablauf berücksichtigt wird (Kaplan & Norton, 2001, S. 13). Hierzu ist es wichtig allen Teilnehmern eine klare Vision, sachliche Fakten zu vermitteln sowie emotional zu überzeugen. Daher sind regelmäßige Meetings wichtig, in denen die Notwendigkeit des Wandels vermittelt wird, um die Akzeptanz der Vizepräsidenten zu gewinnen.

Einweisung und Schulung: Den Lern- und Fortbildungsbedarf, der mit einem Strategiewandel einhergeht, darf nicht unterschätzt werden. Eine Strategieimplementierung ist als ein komplexer Veränderungsprozess zu sehen (Al-Laham, Eulerich & Welge, 2017, S. 828). Die Differenzierungsstrategie kann nur dann umgesetzt werden, wenn alle Mitarbeiter darüber aufgeklärt werden, was hinter der neuen Strategie steckt und wie diese im Berufsalltag umgesetzt werden soll. Daher ist es von hoher Bedeutung, dass alle Mitarbeiter auf den gleichen Wissensstand durch Einweisung und Schulung gebracht werden. Dies mindert die Unsicherheiten und Ungewissheiten aller Beteiligten der Gesundheits- und Medizintechnik AG. Der zusätzliche Vorteil einer gezielten Schulung und Einweisung von neuen Arbeitsformen ist, dass die Mitarbeitermotivation steigt (Doppler, Lauterburg, 2014, S. 66).

Schaffung eines strategiebezogenen Konsenses: Ein tiefgreifender Implementierungsprozess bedeutet meist auch eine Veränderung bestehender Machtstrukturen. Daher ist es nicht auszuschließen, dass es zu Konflikten zwischen den betroffenen Bereichen kommt (Al-Laham, Eulerich & Welge, 2017, S. 829). Ein Auslöser kann die Auflösung der Matrixorganisation sein, dies kann zu Verteilungs- und Durchsetzungskonflikten führen. Um einem Konflikt und damit verbundenem Scheitern der Strategieimplementierung entgegenzuwirken, ist eine Initiierung eines Konfliktmanagements von Bodo Müller unerlässlich. In diesem Rahmen müssen mögliche Zielkonflikte und Lösungen zur Vermeidung der Konflikte mit allen Beteiligten besprochen und umgesetzt werden. Regelmäßige Treffen in den einzelnen Abteilungen und einzelnen Hierarchien wirken potenziellen Konflikten entgegen und können in den Gesprächen neutralisiert werden.

3.2 Umsetzung

Der zweite Schritt der Umsetzung umfasst das Bereitstellen und die Konkretisierung der benötigten Ressourcen. Diese Phase wird daher als sachorientierte Umsetzung bezeichnet. Bei der Strategieimplementierung sind drei Schritte maßgeblich: Transformation, Anpassung von Managementsystemen sowie Motivierung und Mobilisierung (Bamberger & Wrona, 2012, S. 476).

Transformation: In der Transformationsphase sind konkrete Maßnahmen abzusprechen und in einem Metaplan festzulegen. Diese beinhalten Kosten- und Ressourceneinschätzungen sowie Festlegung von Verantwortlichkeiten (Haake, Rusch, Seiler & Seliner, 2020, S. 144). In der Gesundheits- und Medizintechnik AG könnte die konkrete Aktion wie folgt lauten: Eine vollständige Strategieumsetzung in allen Bereichen innerhalb von einem Jahr.

Anpassung von Managementsystemen: Im nächsten Schritt muss eine Anpassung der wesentlichen Managementsysteme erfolgen. Darunter fallen die Unternehmenspotentiale wie Organisationsstruktur, Unternehmenskultur, Führungssysteme sowie die Mitarbeiter der Führungskräfte (Behnam, Gilbert & Kreikebaum, 2018, S. 178-188). Ein enger Zusammenhang besteht zwischen der Strategie und der Organisationsstruktur. Wird die Strategie verändert, wirkt sich diese zwangsläufig auf die Organisationsstruktur aus (Behnam, Gilbert & Kreikebaum, 2018, S. 178-179). Durch die Umstellung auf das

C-Level Marketing muss das Unternehmen Gesundheits- und Medizintechnik AG das Organigramm mit der Rollenbeschreibung neu definieren. Ebenfalls sind neue oder wegfallende Aufgaben zu verteilen oder es müssen durch die Umstellung neue Mitarbeiter eingestellt werden. Dies sind nach Mahnke, Rasner und Venzin (2010, S. 223-224) Punkte, die in der Organisationsstruktur ggf. angepasst werden müssen. Eine neue Strategie impliziert meist auch eine Neuorientierung, d.h. Denk- und Handlungsweisen stimmen nicht mehr überein (Raps, 2004, S. 131). Wird dies im Strategiewandel nicht berücksichtigt, so kann die Ausprägung der aktuellen Unternehmenskultur als ein unüberwindbares Hindernis gelten (Dill, 1987, S. 328). Daher ist es für die Gesundheits- und Medizintechnik AG essenziell wichtig die Unternehmenskultur zu berücksichtigen und einzubeziehen. Hier sind nach Behnam, Gilbert und Kreikebaum (2018, S. 183) die Führungskräfte die Schlüssel-/Erfolgsfaktoren zur Umsetzung und Ausgestaltung der Unternehmenskultur. Durch Einberufung von wöchentlichen Meetings mit den Mitarbeitern und Führungskräften der Gesundheits- und Medizintechnik AG, in denen die operativen und strategischen Aufgaben besprochen werden, sollen Hindernisse zur Umsetzung eruiert sowie neue Ziele zur Umsetzung erfasst werden.

Motivierung und Mobilisierung: Eine weitere sachbezogene Aufgabe ist die Motivierung und Mobilisierung der Mitarbeiter. Dies ist ein wichtiger Punkt, da gerade in der Umsetzungsphase mit Rückschlägen zu rechnen ist. Dies kann die Motivation und die Mobilisation der Mitarbeiter beeinträchtigen (Haak & Seiler, 2012, S. 125). Um dem entgegenzuwirken ist die Führungsarbeit und der Implementierungsstil von zentraler Bedeutung. Die zwei erfolgversprechendsten Stile, um Mitarbeiter zu motivieren, sind die Interventions- und die Partizipationstaktik (Raps, 2004, S. 37-38). Bei der Interventionstaktik ernennt die Gesundheits- und Medizintechnik AG einen Manager, welcher die volle Verantwortung erhält. Dieser übernimmt wesentliche prozessbegleitende Schritte und ist für auftretende soziale und politische Fragestellungen verantwortlich. Eine weitere erfolgreiche Taktik ist die Partizipation, bei der ein ausgewählter Manager der Gesundheits- und Medizintechnik AG den Planungsprozess initiiert. Hierbei wird die Notwendigkeit für die strategische Veränderung aufgezeigt und endet in der Bildung von mitverantwortlichen Arbeitsgruppen in der Gesundheits- und Medizintechnik AG (Raps, 2004, S. 35).

4 Balanced Scorecard

Die Balanced Scorecard ist ein strategisches Managementsystem (Bamberger & Wrona, 2012, S. 382). Das Instrument geht nicht nur auf die finanzielle Perspektive ein, sondern bindet auch die nicht monetären aber erfolgskritischen Dimensionen, wie Kundenbeziehungen, Prozesse oder Mitarbeiter ein (Gattringer, Reisinger & Strehl, 2022, S. 254). Auf Grundlage der Vision und Unternehmensstrategie werden in der Balanced Scorecard zu jeder Perspektive Ziele abgeleitet und in Beziehung zueinander gesetzt (Lechner & Müller-Stewens, 2011, S. 598).

4.1 Ursache-Wirkungskette

Eine Balanced Scorecard entsteht im ersten Schritt durch die Bildung einer Ursache-Wirkungskette. Hierzu müssen zuerst die Perspektiven ausgewählt werden, die für eine Strategierealisierung erforderlich sind (Friedag & Schmidt, 2022, S. 209-211).

In dem Fall von Bodo Müller werden die klassischen Perspektiven wie Finanzen, Kunden, Prozesse sowie Lern- und Entwicklungen mit einbezogen. Ergänzt wird die Perspektive Organisation, die als wichtiger Aspekt angesehen wird, damit die Strategie erfolgreich umgesetzt werden kann.

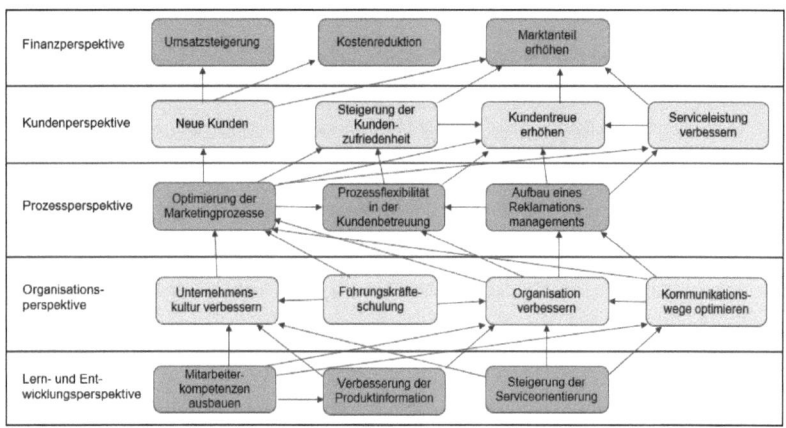

Abb. 3: Ursache-Wirkungskette der Gesundheits- und Medizintechnik AG (eigene Darstellung)

Die Matrixorganisation muss aufgelöst und in ein C-Level Marketing überführt werden. Bei dieser Veränderung müssen die Mitarbeiter geschult und fortgebildet werden, um auf die neue Strategie und die einhergehenden neuen Aufgaben und Rollen gut vorbereitet zu sein. Nach der Erreichung der ersten Perspektive gilt es die Organisationsperspektive anzugehen. Die Mitarbeiter sind geschult und fortgebildet und können sich in der neuen Organisation zurechtfinden. Durch die Umstellung auf das C-Level Marketing muss das Unternehmen Gesundheits- und Medizintechnik AG das Organigramm mit der Rollenbeschreibung neu überarbeiten. Hierzu ist es notwendig Rollen- und Aufgabenbeschreibungen zu definieren und anzupassen. Ebenfalls sind neue oder wegfallende Aufgaben zu verteilen und ggf. ist es notwendig neue Mitarbeiter anzustellen, die neu entstandene Aufgaben durch den Strukturwandel übernehmen. Dies sind nach Mahnke, Rasner und Venzin (2010, S. 223-224) Punkte, die in der Organisationsstruktur ggf. angepasst werden müssen. Nicht zu unterschätzen sind durch die Organisationsveränderung, die weichen Faktoren wie Unternehmenskultur (Doppler & Lauterburg, 2019, S. 66). Wichtige Voraussetzungen für einen Wandel der Unternehmenskultur sind unter anderem Unruhe durch Veränderungen entgegenzutreten, ungewohnte Abläufe mit Konfliktpotential müssen frühzeitig aufgelöst werden, das Wir-Gefühl stärken durch Vermittlung von Gemeinschaftssinn, die Sinnvermittlung durch Kommunikation der Notwendigkeit des Wandels sowie Förderung der Kommunikation durch Organisation von Arbeitstagungen (Doppler & Lauterburg, 2019, S. 67-68). Die Lern- und Entwicklungsperspektive und die Organisationsperspektive bilden den Grundstein für die Umsetzung der Prozessperspektive. Die internen Prozesse haben einen entscheidenden Einfluss auf die nächste Ebene der Kundenperspektive. Daher ist es wichtig die Kundenwünsche zu kennen, um die internen Prozesse anzupassen (Mahnke, Rasner & Venzin, 2010, S. 35). Durch das C-Level-Marketing hebt sich die Firma Gesundheits- und Medizintechnik AG von der Konkurrenz ab und wird dadurch attraktiver für den Kunden. Dies wirkt sich positiv auf die letzte finanzielle Perspektive aus und sichert langfristig die Stabilität des Unternehmens (Mahnke, Rasner & Venzin, 2010, S. 32-34).

4.2 Festsetzung

Im nächsten Schritt werden zu den einzelnen Perspektiven die Ziele, Kennzahlen, Vorgaben und Maßnahmen festgesetzt. Diese sind für das Unternehmen Gesundheits- und Medizintechnik AG folgende:

Tab. 1: Strategieoperationalisierung (eigene Darstellung)

Perspektiven	Ziel	Kennzahl	Vorgabe	Maßnahmen
Finanzen	Marktanteil innerhalb von 3 Jahren erhöhen	Umsatz	+20%	• Neukundenakquise betreiben • Marketing verstärken • Kundentreue erhöhen
Kunden	Kundentreue erhöhen	Wiederkaufsrate	60%	• Beschwerdemanagement ausbauen • Ansprechpartner fortbilden • Wiederbestellungsangebote
Prozesse	Aufbau eines Reklamationsmanagement	Durchschnittliche Reaktionszeit	Innerhalb 24h	• Optimierung der Abläufe durch Eimführung eines Customer-Relationship-Management Tool
Organisation	Unternehmenskultur verbessern	Anzahl der Meetings Umfrage	Einmal pro Woche	• Führungskräfte ausbilden • Kultur zum Thema machen • Ideen-Treffen, Feedbackschleife für kontinuierlichen Verbesserungsprozess
Lernen und Entwicklung	Mitarbeiterkompetenzen ausbauen	Anzahl qualifizierter Mitarbeiter	• Besuch zwei interner Schulungen im Jahr • eine Fortbildung im Jahr	• In Personalgesprächen werden die Entwicklungsziele der Mitarbeiter eruiert und ein persönlicher Erfolgsplan entwickelt und umgesetzt • Kostenübernahme der Fortbildungen

5 Unternehmensethik

Die Unternehmensethik thematisiert die moralischen Werte und ethischen Normen auf der Unternehmensebene. Unternehmen sind moralische Akteure und werden den ordnungspolitischen Rahmenordnung mitbestimmt (Dillerup & Stoi, 2022, S. 114).

5.1 Praxisbeispiel

Das Unternehmen Apple durchlebt Ende 2017 einen seiner größten Skandale. Unter dem Vorfall „Battery Gate" wird der Skandal in allen möglichen medialen Kanälen verbreitet. Mit einem Update auf dem iPhone wird eine nicht dokumentierte Funktion von Apple eingeführt (Beiersmann, 2022). Diese Funktion soll laut Vermutung der Kläger absichtlich die Halbwertszeit bzw. die Leistungsfähigkeit mindern und den Kunden dazu zwingen frühzeitig neue iPhones zu kaufen (Wertgarantie SE, o. J.). Apple hält dagegen und begründet diesen Eingriff als notwendig, um zu verhindern, dass sich plötzlich Telefone abschalten (Kessler, 2020). Die Verbraucher reichten schnell mehrere

Verbraucherklagen gegen den Konzern ein. In der Klage wurde von den Klägern erklärt, dass ein Batteriewechsel wesentlich günstiger ist, als ein neues Gerät zu kaufen (Kessler, 2020). Apple versuchte zum einen durch ein Informationsdokument, welches Tipps zum optimalen Umgang mit iPhones enthält und zum anderen durch ein vergünstigtes Akkutauschangebot den Schaden zu begrenzen (Wertgarantie SE, o.J.).

5.2 Unternehmenswerte

Die Kultur, das Verhalten und die Entscheidungen sind Leitprinzipien, die ein Unternehmen prägen und sich auf die Unternehmenswerte beziehen (Dillerup & Stoi, 2022, S. 108). Durch die Beachtung von Werten wird eine Grundlage für das Verhalten der Mitarbeiter geschaffen, wofür das Unternehmen steht und welche Ziele es verfolgt. Es wird Vertrauen aufgebaut, ein positiver Ruf etabliert und einen Sinn für die Zweckmäßigkeit geschaffen (Schüz, 2021, S. 115-130). Apple hat folgende Vision, Mission und Grundwerte für sein Unternehmen aufgestellt:

Vision Statement:
"Die besten Produkte der Welt herzustellen und die Welt besser zu hinterlassen, als wir sie vorgefunden haben (Pereira, 2023).

Mission Statement:
Kunden durch innovative Hardware, Software und Dienstleistungen das beste Benutzererlebnis zu bieten (Pereira, 2023).

Grundwerte Statement:
Datenschutz, Bedienungshilfen, Umweltschutz, Integration und Vielfalt, Verantwortung der Zulieferer (Apple, 2023).

Abb. 4: Die Apple Unternehmenswerte (eigene Darstellung)

5.3 Wertebruch

Apple verstieß im „Battery Gate" Skandal gegen mehrere aufgestellte Unternehmenswerte (siehe Kap. 5.2). Gegen die aufgestellte Apple Vision „Die besten Produkte der Welt herzustellen…" wurde dahingehend verstoßen, indem Apple nicht die besten Produkte lieferte, sondern iPhones, deren Akkus eine verringerte Qualität aufwiesen. Bei einem Akkuleistungstest (siehe Abb. 5) wird deutlich, dass die Konkurrenz wesentlich bessere Akkuleistung aufweisen (Trust, 2016).

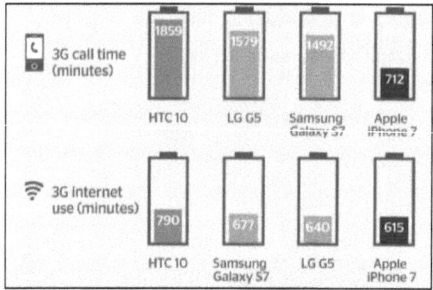

Abb. 5: Apple Akku kann nicht mit der Konkurrenz mithalten (Trust, 2016)

Betrachtet man die Mission von Apple, kann auch hier ein Bruch festgestellt werden. Dem Kunden die besten Produkte zu bieten, in Form von gedrosselter Akkuleistung, erfüllt nicht die vorgegebene Mission von Apple. Durch die Erfüllung des Grundwertes Datenschutz (siehe Abb. 4), genießt das Unternehmen Apple ein sehr großes Vertrauen bei den Kunden (Pereira, 2023). Durch die absichtliche Minderung der Leistung des iPhones ohne Informationsweitergabe an die Kunden wird das Vertrauen stark gemindert (Schwarz, 2019). Ein Verstoß gegen die Grundwerte, ist im Bereich Umwelt festzustellen. Durch einen gezwungen frühzeitigen Kauf eines neuen iPhones wird die Umwelt durch die Entsorgung des alten Handys stärker belastet. Die Herstellung neuer Handys ist zudem nicht ressourcenschonend, deswegen empfiehlt das Umwelt Bundesamt (2022) die Smartphones möglichst lange zu nutzen, um die Umwelt zu schonen und weniger zu belasten.

5.4 Konsequenzen

Die Konsequenzen, die das nicht wertekonforme Verhalten von Apple beinhalten, werden bezogen auf die zwei internen sowie auf die zwei externen Stakeholder des Unternehmens veranschaulicht.

Interne Stakeholder – Mitarbeiter: Die Mission eines Unternehmens vermittelt den Unternehmenszweck. Es gibt den Mitarbeitern eine Orientierung, eine Legitimation für ihr berufliches Handeln und hat eine Motivationsfunktion (Lechner & Müller-Stewens, 2011, S. 227-233). Die Grundwerte eines Unternehmens geben Aufschluss darüber was als wertvoll und als angemessen empfunden wird (Lechner & Müller-Stewens, 2011, S. 233). Gerade die Mitarbeiter, die stark hinter den Unternehmenswerten von Apple stehen, werden durch den Skandal vermutlich einen Vertrauensmissbrauch erlebt haben. Dieser kann zur Demotivation, Enttäuschung und ggf. auch Kündigung bei Mitarbeitern geführt haben.

Interne Stakeholder – Führungskräfte: Die Folge des Skandals war der einhergehende Imageverlust. In einen Skandal verwickelte Unternehmen erleiden zu mindestens 90 Prozent einen Imageverlust, welcher sich meist als zäh und langlebig erweist (Leitherer, 2018). Das Ansehen musste innen und außen wieder aufgebaut werden, um das Image erneut herzustellen und zu stabilisieren. Dieser Herausforderung mussten sich die Führungsverantwortlichen stellen.

Externe Stakeholder – Kunden: Aufgrund des Skandals bot Apple den Kunden einen verbilligten Akkutausch der betroffenen iPhones an (Beiersmann, 2022). Ob dieses Entgegenkommen das Vertrauen der Kunden wieder aufbauen konnte, ist fraglich. Die fehlende Transparenz der Leistungsminimierung der Akkus, hat in jeden Fall zu einem Vertrauensbruch bei den Apple Kunden geführt. Der ein oder andere Kunde wird aus dem Skandal seine eigene Konsequenz gezogen haben und sich möglicherweise bei einer Neuanschaffung für ein Konkurrenzprodukt entschieden haben.

Externe Stakeholder – Fremdkapitalgeber: Die Apple Aktie ist durch den Skandal gesunken. Die Aktionäre waren verunsichert und haben Aktien verkauft. Die Aktionäre, die an der Aktie festgehalten haben, mussten den Wertverlust der Apple- Aktie in Kauf nehmen. Es hat bis zu einem Jahr gedauert, bis sich die Aktie wieder erholt hat (CompaniesMarketCap.com, 2023; zitiert nach Statista, 2023).

6 Literaturverzeichnis

Apple (2023). Gemeinsame Werte von Apple. Zugriff am 03.07.2023. Verfügbar unter: https://www.apple.com/careers/de/work-at-apple.html

Al-Laham, A. & Eulerich, M. & Welge, M. (2017). Strategisches Management. Grundlagen – Prozess-Implementierung (Aufl. 7). Berlin: Springer Gabler.

Bamberger, I. & Wrona, T. (2012). Strategische Unternehmensführung (2. Aufl.). München: Franz Vahlen.

Behnam, M. & Gilbert, D. U. & Kreikebaum, H. (2018). Strategisches Management (Aufl. 8). Stuttgart: W. Kohlhammer.

Beiersmann, S. (2022). Apple erneut wegen iPhone-Drosselung verklagt. Zugriff am 03.07.2023. Verfügbar unter: https://www.silicon.de/41698090/apple-erneut-wegen-iphone-drosselung-verklagt

Beil, E. & Nolte, F. & Schmidt, C. & Schneider, S. (2019). Change Management in Gesundheitsunternehmen. Die geheime Macht der Emotionen in Veränderungsprozessen. Wiesbaden: Springer Fachmedien Wiesbaden GmbH.

CompaniesMarketCap.com. (6. Februar, 2023). Börsenwert von Apple in den Jahren 2001 bis 2022 (zum Jahresende; in Milliarden US-Dollar) [Graph]. In Statista. Zugriff am 03.07.2023 Verfügbar unter: https://cmtvjhd344ajlcnbjo46hemc.bibliothek.dhfpg.de /statistik/daten/studie/219902/umfrage/marktkapitalisierung-von-apple/

Corsten, H. & Corsten, M. (2012). Einführung in das strategische Management. Konstanz: Universitätsverlag.

Dill, P. (1987). Unternehmenskultur – Grundlagen und Anknüpfungspunkte für ein Kulturmanagement. Bonn: o.A.

Dillerup, R. & Stoi, R. (2022). Unternehmensführung Erfolgreich durch modernes Management & Leadership (6. Aufl.). München: Franz Vahlen.

Doppler, K. & Lauterburg, C. (2019). Change Management. Den Unternehmenswandel gestalten (14. Aufl.). Frankfurt/New York: Campus Verlag.

Friedag, H. R. & Schmidt, W. (2002). Balanced Scorecord. Mehr als ein Kennzahlensystem (Aufl. 4). Freiburg: Rudolf Haufe Verlag.

Gattringer, R. & Reisinger, S. & Strehl, F. (2022). Strategisches Management. Grundlagen für Studium und Praxis (Aufl. 3). München: Pearson Deutschland GmbH.

Haake, K., Rusch, R., Seiler, W. & Seliner, P. (2020). Strategie-Workshop. In fünf Schritten zur erfolgreichen Unternehmensstrategie (Aufl. 4). Stuttgart: Schäffer-Poeschel.

Kaplan, R. S. & Norton, D. P. (2001). Die strategiefokussierte Organisation. Führen mit der Balanced Scorecard. Stuttgart: Schäffer-Poeschel.

Kessler, N. (2020). Apple: Bewegung im Batterie-Streit. Zugriff am 03.07.2023. Verfügbar unter: https://www.deraktionaer.de/artikel/aktien/ apple-bewegung-im-batterie-streit-20220975.html

Kotter, J.P. (2007). Leading Change. Why Transformation Efforts Fail. *Harvard Business Review*. S. 1-10.

Kotter, J.P. (2011). Leading Change. Wie Sie Ihr Unternehmen in acht Schritten erfolgreich verändern. München: Franz Vahlen GmbH.

Kotter, J.P. (2015). Die Kraft der zwei Systeme. *Harvard Business Spezial*. S. 80-93.

Lechner, C. & Müller-Stewens, G. (2011). Strategisches Management (Aufl. 4). Stuttgart: Schäffer-Poeschel.

Leitherer, J. (2018). Unternehmen erleiden durch Skandale Image-Verluste. Zugriff am 03.07.2023. Verfügbar unter: https://www.springerprofessional.de/ reputationsmanagement/media-relations/ -unternehmen-erleiden-durch-skandale-image-verluste-/15780352

Mahnke, V., Rasner, C. & Venzin, M. (2010). Der Strategieprozess. Praxishandbuch zur Umsetzung im Unternehmen (Aufl. 2). Frankfurt/New York: Campus Verlag.

Pereira, D. (2023). Apple Mission and Vision Statement. Zugriff am 03.07.2023. Verfügbar unter: https://businessmodelanalyst.com/ apple-mission-and-vision-statement/

Raps, A. (2004). Erfolgsfaktoren der Strategieimplementierung. Konzeption und Instrumente (Aufl. 4). Wiesbaden: Springer Gabler.

Schwarz, S. (2019). IPhone-Akkus absichtlich schwächer gemacht: Apple gibt neues Versprechen an die Nutzer. Zugriff am 03.07.2023. Verfügbar unter: https://www.chip.de/news/iPhone-Akku-wird-schwaecher-Apple-will-Nutzer-ab-sofort-besser-informieren_168979817.html

Statista (2023). Börsenwert von Apple in den Jahren 2001 bis 2022.

Schüz, M. (2021). Angewandte Unternehmensethik. Grundlagen für Studium und Praxis (Aufl. 2). München: Pearson Deutschland GmbH.

Trust, A. (2016). Akku des iPhone 7 kann nicht mit der Konkurrenz mithalten. Zugriff am 04.07.2033. Verfügbar unter: https://www.maclife.de/news/akku-des-iphone-7-kann-nicht-konkurrenz-mithalten-10083207.html

Umweltbundesamt (2022). Smartphones und Tablets nachhaltig nutzen. Zugriff am 19.06.2023. Verfügbar unter: https://www.umweltbundesamt.de/umwelttipps-fuer-den-alltag/elektrogeraete/smartphones-tablets#unsere-tipps

Vahs, D. & Weiand, A. (2010). Workbook Change-Management. Methoden und Techniken (Auf. 1). Stuttgart: Schäffer-Poeschel.

Wertgarantie SE (o. J.). Langsame iPhones – Das steckt hinter Apples Skandal. Zugriff am 04.07.2023. Verfügbar unter: https://www.wertgarantie.de/ratgeber/elektronik/smartphone/news-trends/langsame-iphones-das-steckt-hinter-apples-skandal

7 Abbildungs- und Tabellenverzeichnis

7.1 Abbildungsverzeichnis

Abb. 1: Das 8-Stufen-Modell „Gründe für das Scheitern" von Kotter (mod. nach Gattringer, Reisinger & Strehl, 2022, S. 222) 6
Abb. 2: Die acht „Beschleuniger" nach Kotter (mod. nach Kotter, 2015, S. 88) 8
Abb. 3: Ursache-Wirkungskette der Gesundheits- und Medizintechnik AG (eigene Darstellung) 13
Abb. 4: Die Apple Unternehmenswerte (eigene Darstellung) 16
Abb. 5: Apple Akku kann nicht mit der Konkurrenz mithalten (Trust, 2016) 17

7.2 Tabellenverzeichnis

Tab. 1: Strategieoperationalisierung (eigene Darstellung) 15